LA HISTORIA OCULTA

LA COLONIA DE JAMESTOWN

Caitie McAneney
Traducido por Ana María García

Gareth Stevens
PUBLISHING

Please visit our website, www.garethstevens.com. For a free color catalog of all our high-quality books, call toll free 1-800-542-2595 or fax 1-877-542-2596.

Cataloging-in-Publication Data

Names: McAneney, Caitie, author.
Title: La colonia de Jamestown / Caitie McAneney, translated by Ana María García
Description: New York : Gareth Stevens Publishing, [2017] | Series: La historia oculta | Includes index.
Identifiers: ISBN 9781482462326 (pbk. book) | ISBN 9781482461541 (6 pack) | ISBN 9781482462333 (library bound book)
Subjects: LCSH: Jamestown (Va.)–History–17th century–Juvenile literature. | Virginia–History–Colonial period, ca. 1600-1775–Juvenile literature.
Classification: LCC F234.J3 M26 2017 | DDC 975.5/4251–dc23

First Edition

Published in 2017 by
Gareth Stevens Publishing
111 East 14th Street, Suite 349
New York, NY 10003

Translator: Ana María García
Editorial Director, Spanish: Nathalie Beullens-Maoui
Editor, Spanish: Cristina Brusca
Editor, English: Therese Shea
Designer: Katelyn E. Reynolds

Photo credits: Cover, pp. 1, 7, 9, 15, 19 (inset), 23 (both), 25, 29 (main) MPI/Getty Images; cover, pp. 1–32 (tear element) Shahril KHMD/Shutterstock.com; cover, pp. 1–32 (background texture) cornflower/Shutterstock.com; cover, pp. 1–32 (background colored texture) K.NarlochLiberra/Shutterstock.com; cover, pp. 1–32 (photo texture) DarkBird/Shutterstock.com; cover, pp. 1–32 (notebook paper) Tolga TEZCAN/Shutterstock.com; p. 5 Stock Montage/Getty Images; pp. 11, 27 courtesy of the Library of Congress; p. 13 Archive Photos/Getty Images; p. 17 Linda Davidson/The Washington Post via Getty Images; p. 19 (main) Ira Block/National Geographic/Getty Images; p. 21 Hulton Archive/Getty Images; p. 29 (inset) Bill O'Leary/The Washington Post via Getty Images.

Printed in the United States of America

CPSIA compliance information: Batch #CW17GS: For further information contact Gareth Stevens, New York, New York at 1-800-542-2595.

CONTENIDO

Las palabras del glosario se muestran en **negrita** la primera vez que aparecen en el texto.

LA VERDAD OCULTA

Jamestown es conocido como el primer asentamiento británico en Norteamérica, pero bajo la célebre historia hay un pasado más oscuro. En sus primeros años, el asentamiento estuvo muy cerca de fracasar. De hecho, la mayor parte de los colonos que llegaron a Jamestown nunca se marcharon: murieron al poco tiempo de llegar.

Jamestown era un asentamiento en la colonia de Virginia. La Compañía Virginia, de Londres, lo estableció en 1607. La empresa confiaba en ganar dinero en el Nuevo Mundo. Esperaban encontrar riqueza, sobre todo oro, y suficiente tierra para quien la quisiera.

Pero lo que los colonos encontraron estaba muy lejos de ser lo que habían imaginado. Sigue leyendo para conocer más sobre lo que pasó en realidad en Jamestown y la verdad oculta acerca de lo que hubiese podido ser el fracaso del comienzo de la nación de Estados Unidos tal y como la conocemos hoy.

AL DESCUBIERTO

La idea era que los colonos de Jamestown poblaran la tierra, encontraran oro, y buscaran una vía fluvial hasta el océano Pacífico para el comercio.

FRACASO EN ROANOKE

Jamestown no fue el primer asentamiento inglés. Ese título le corresponde a Roanoke, fundado por los ingleses en 1585 en una isla de la costa de la actual Carolina del Norte. Aquella tentativa falló, y los colonos intentaron asentarse allí nuevamente en 1587. Poco después, su líder, John White, regresó a Inglaterra en busca de provisiones. Cuando volvió en 1590, su gente había desaparecido, dejando atrás únicamente la palabra "Croatoan". La desaparición de los colonos de Roanoke sigue siendo un gran misterio.

Pueblos nativos hostiles, tierra desconocida y duros inviernos fueron solo algunos de los desafíos a los que los colonos tuvieron que enfrentarse.

UN GRAN ERROR

Los colonos de Jamestown emprendieron el largo viaje desde Inglaterra en tres barcos: *Discovery*, *Susan Constant* y *Godspeed*. Había 104 hombres y niños a bordo con la idea de establecer un asentamiento que durara.

El 13 de mayo de 1607, los barcos llegaron a un lugar en el río James. No había pueblos nativos alrededor y estaba lo suficientemente lejos del océano como para protegerse de los ataques navales españoles. Esto parecía, en muchos sentidos, ideal. Sin embargo, estaba lejos de ser perfecto.

Los nativos decidieron no vivir en la zona de Jamestown por una razón: era pantanosa y húmeda. Los colonos se establecieron cerca del agua, pero no siempre el agua se podía beber.

AL DESCUBIERTO

Una razón por la que los colonos de Jamestown escogieron este lugar fue porque estaba cerca de aguas profundas. Podían atar sus barcos a los árboles.

LA CONSTRUCCIÓN DE JAMESTOWN

El asentamiento de Jamestown era un fuerte triangular. Tenía un baluarte en cada punto. Un baluarte es un muro sólido que se construye como protección. Había pequeñas casas y viviendas en su interior para los colonos. ¿Cómo sabemos cómo era Jamestown? El arqueólogo William Kelso comenzó a excavar el lugar en 1994. Su equipo encontró pruebas de que Jamestown estuvo ubicado allí, y durante muchos años también encontraron pozos, tumbas y cimientos de edificios.

Cuando los colonos reclamaron la tierra para ellos, la llamaron *James Cittie* por el rey James I.

LA TIERRA NATIVA

Mucha gente piensa que los colonos de Jamestown desembarcaron en un lugar salvaje cuando llegaron a Norteamérica. Se imaginan frondosos bosques y toda la tierra que querían, todo a sus pies. La realidad era bien distinta.

De hecho, los colonos llegaron a una tierra que ya estaba ocupada por pueblos nativos. Alrededor de 14,000 nativos de las tribus algonquinas vivían en la zona. Formaban parte del enorme Imperio de Tsenacomoco, que se dividía en pueblos formados por cientos de personas cada uno. Habían limpiado los bosques quemando los árboles y plantaron enormes maizales. Tenían un avanzado sistema de cultivos, que consistía en utilizar la tierra durante un tiempo determinado y dejarla después reposar para su recuperación. Los nativos eran expertos en cómo cultivar y vivir en esta zona.

AL DESCUBIERTO

Al principio, Powhatan y su gente comerciaron con los ingleses. Les dieron tierra a cambio de valiosas armas, cuentas y herramientas metálicas.

POWHATAN

El líder de Tsenacomoco era Wahunsenacah, un cacique fuerte y capaz. Hoy es más conocido como Powhatan. De joven, Powhatan rigió sobre un imperio formado por seis tribus. **Incorporó** muchas tribus más al imperio. Fue una exitosa unión y él se convirtió en el jefe supremo de todas las tribus. Cuando los ingleses llegaron por primera vez, Powhatan no lanzó ningún gran ataque contra ellos. Probablemente pensó que morirían de causas naturales. Más adelante cambiaría de opinión.

Aunque Powhatan y su gente no atacaron al principio, su relación con los colonos se volvió después violenta.

UN COMIENZO COMPLICADO

Si Powhatan creyó que Jamestown fracasaría, estuvo casi en lo cierto. Muchos de los 104 hombres y niños que llegaron a Jamestown murieron casi enseguida. De hecho, hacia enero de 1608, solo quedaban 38.

Al principio, la colonia de Jamestown estuvo dirigida por un consejo de siete colonos. La colonia necesitaba un líder fuerte si quería sobrevivir. John Smith atendió a la llamada. Smith era un soldado y explorador inglés. No perdió el tiempo en explorar la zona. Viajó en busca de pueblos nativos con el fin de conseguir comida para su gente. En una de sus expediciones, Smith fue capturado y casi lo matan. Cuando fue liberado, regresó a Jamestown. Se aseguró de que sus hombres —hambrientos y sedientos como estaban— trabajaran. Los amonestaba y les decía: "El que no trabaje, no comerá".

AL DESCUBIERTO

Había una gran cantidad de peces en el río James a disposición de los colonos. Los arqueólogos de Jamestown encontraron las espinas de un pez que medía ¡14 pies (4.3 metros)!

SED MORTAL

Muchos libros de historia relatan que los colonos de Jamestown pronto murieron de hambre. Sin embargo, un historiador llamado Carville Earle sugirió que no fue el hambre lo que los mató, sino la sed. Hay una teoría que asegura que la mayoría murió por enfermedades relacionadas con beber agua **contaminada**. Algunos también pudieron morir por envenenamiento con agua salada. Los niveles del agua del río cercano a Jamestown descendían durante el verano; el agua dulce era substituida por agua salada, que no era apta para beber.

John Smith elaboró un mapa de la región de la bahía de Chesapeake basado en sus primeras exploraciones.

CRECE LA TENSIÓN

Para el otoño de 1608, por fin las cosas empezaban a mejorar en Jamestown. John Smith había sido nombrado presidente de la colonia, y bajo su liderazgo los colonos construían, reparaban y sembraban. Otros dos barcos llenos de colonos llegaron a Jamestown.

Smith hacía lo que fuera necesario para la supervivencia de la colonia. Lamentablemente esto significaba robar a los pueblos nativos, lo cual disgustó enormemente al pueblo powhatan. Las relaciones entre los colonos y los powhatan se volvieron hostiles y los ataques se hicieron habituales. En este extraño y nuevo mundo, los colonos no tenían **aliados**.

La colonia se volvió más inestable cuando Smith tuvo que marcharse repentinamente. Resultó herido en una explosión y tuvo que viajar a Inglaterra para recibir cuidados médicos. Prometió enviar provisiones. Sin embargo, sin su liderazgo, la colonia se enfrentó al peor período de su existencia.

AL DESCUBIERTO

John Smith no caía bien a todo el mundo en Jamestown. De hecho, fue encadenado en el viaje a Norteamérica por conspirar contra otros líderes.

EL VERDADERO JOHN SMITH

Cuando la mayoría de la gente oye el nombre de John Smith, piensa en el atractivo y simpático personaje de la película *Pocahontas* de Disney. El verdadero John Smith se hizo soldado cuando era solo un adolescente. Luchó con los holandeses contra los españoles y con los austríacos contra los turcos. Como soldado, Smith viajó por el Mediterráneo a Rusia y por Europa a África del Norte. Su amor por los viajes y las expediciones continuó cuando llegó al Nuevo Mundo.

Al principio, los powhatan no vieron a los colonos como una amenaza. Sin embargo, después de que John Smith permitiera a su gente robar a los pueblos nativos, la **tensión** comenzó a crecer.

UN COMPLETO DESASTRE

Cuando comenzó el invierno de 1609 a 1610, también empezó una gran escasez de alimentos. El invierno resultó catastrófico para Jamestown. Murieron dos de cada tres colonos.

Antes de aquello, la zona había experimentado una sequía, o largo período de escasas lluvias, que duró 7 años, lo cual quiere decir que no había mucha comida disponible para nadie, ni nativos ni colonos. Los colonos, que desconocían la tierra, no habían tenido mucho éxito en el cultivo de sus propias cosechas. Habían intercambiado alguna vez mercancías por comida con los pueblos nativos, pero la hostilidad entre ellos había crecido.

El jefe Powhatan ordenó a su gente matar a cualquier colono que abandonara Jamestown, lo que suponía que aquella gente no podía buscar comida fuera de su pequeño fuerte.

AL DESCUBIERTO

Algunos colonos intentaron salir del fuerte en busca de raíces y de animales pequeños para comer, pero la gente de Powhatan los mató.

MUY POCO, MUY TARDE

En junio de 1609, nueve barcos de colonos partieron desde Inglaterra hacia Jamestown. Llevaban bastante comida y provisiones para ayudar a los colonos en apuros. Sin embargo, un **huracán** causó daño a los barcos. Algunos barcos finalmente llegaron en agosto con algunos colonos y los restos de las provisiones. El más grande naufragó cerca de las Bermudas. Después de 9 meses, los supervivientes de aquel barco construyeron dos nuevos barcos con la madera del naufragio y partieron hacia Jamestown nuevamente.

Este grabado muestra a una familia de Jamestown que comparte la poca comida que tiene.

TIEMPO DE HAMBRUNA

Los arqueólogos han desenterrado algunos inquietantes detalles sobre el período de Jamestown llamado "tiempo de hambruna". Estos detalles, junto a los escritos que dejó el nuevo presidente de Jamestown, George Percy, ofrecen una imagen perturbadora del asentamiento en apuros.

Cuando a los colonos se les acabó la comida, se comieron sus caballos. Comieron perros y gatos, e incluso ratones y serpientes. Cuando la carne fresca se agotó, algunos colonos se comieron el cuero de sus botas y zapatos. Otros usaron el almidón que utilizaban para su ropa para hacer una especie de gachas de avena. Aun así, muchos colonos murieron.

Había rumores de canibalismo. Percy escribió que los colonos "chupaban la sangre que derramaban sus débiles compañeros". Algunos desenterraban los cuerpos de las tumbas para comer. Este fue el punto más oscuro de la historia de Jamestown.

AL DESCUBIERTO

De las casi 200 personas que comenzaron el invierno en Jamestown, solo unas 60 sobrevivieron.

LA PRUEBA DEL CANIBALISMO

No fue hasta el 2013 que los arqueólogos encontraron la prueba del canibalismo. Descubrieron un cráneo en un viejo montón de basura. Analizaron el cráneo y encontraron que había pertenecido a una muchacha de 14 años, de Inglaterra, que probablemente murió al poco tiempo de llegar; pudo haber llegado en agosto de 1609. Su cráneo fue cortado de una forma que sugiere que el atacante trató de llegar hasta los sesos de la muchacha, la lengua y otros tejidos blandos para comérselos.

A esta víctima de canibalismo le han puesto el nombre Jane. Un experto del Instituto Smithsoniano muestra una recreación de la cabeza de la muchacha canibalizada. A su lado se encuentra el cráneo real.

UNA COSECHA POPULAR

El 24 de mayo de 1610, los náufragos por fin llegaron a Jamestown. Lo que se encontraron era horrible: pocas personas habían sobrevivido al invierno, y aquellas que lo hicieron estaban escuálidas y enfermas. El grupo decidió marcharse. Sin embargo, justo cuando se disponían a irse, llegaron más barcos. Había 150 nuevos colonos a bordo y una buena cantidad de provisiones. ¿Podría este asentamiento casi al borde de sucumbir salir adelante?

John Rolfe estaba entre los nuevos colonos. Él plantó semillas de tabaco que había encontrado en el Caribe. El resultado era una hoja de tabaco que "se fumaba con placer, era dulce y fuerte", según Ralph Hamor, secretario de Virginia. Las primeras cosechas se enviaron a Inglaterra en 1614. Era lo suficientemente bueno como para competir en el mercado del tabaco, controlado sobre todo por los españoles.

AL DESCUBIERTO

En aquel tiempo, España controlaba Centroamérica y Suramérica y había declarado la muerte a cualquiera que vendiera semillas de tabaco a alguien que no fuese español. Cómo John Rolfe las consiguió sigue siendo un misterio.

LA SEMILLA DEL ÉXITO

Los arqueólogos de Jamestown hicieron un importante descubrimiento en 2006. Encontraron semillas de tabaco que tenían cientos de años. Pudieran ser algunas de las semillas que John Rolfe trajo para plantar tabaco en el Nuevo Mundo. Fue un hallazgo asombroso, ya que las semillas de tabaco son diminutas. Las encontraron en un pozo que había sido utilizado por los colonos. El tabaco fue el primer cultivo comercial en tener éxito en América.

Estos trozos de pipas de tabaco son artefactos procedentes de los restos de Jamestown. Los artefactos son objetos abandonados por la gente que vivió hace mucho tiempo.

Tras haber dado con un cultivo exitoso, los colonos de Jamestown lo plantaban cada vez más. Hacia 1620, casi 50,000 libras (22,680 kilogramos) de tabaco habían sido enviadas al extranjero. La población de la colonia también aumentó. Hacia 1624, al menos 6,000 personas habían llegado a Virginia. El índice de mortalidad era todavía muy alto, pero estaba claro que la colonia estaba bien asentada.

El tabaco era bueno para los ingleses, pero otros grupos sufrieron por su causa. Los ingleses se apoderaron de tierras de los powhatan. A diferencia de lo que hacían los nativos, los ingleses plantaban en la misma tierra cada estación. Además, los ingleses plantaban sobre todo tabaco, mientras que los nativos cultivaban pequeñas cantidades de muchas cosechas diferentes. El tabaco absorbe muchos **nutrientes** del suelo en el que crece, por lo que la tierra queda deteriorada para posteriores cosechas. Esto llevó a los colonos a apoderarse aún de más tierra.

LA ESCLAVITUD EN JAMESTOWN

Jamestown fue la primera colonia que utilizó esclavos en Norteamérica. Los colonos necesitaban más gente que cultivara las plantaciones de tabaco, y los esclavos eran una fuente de trabajo gratis. Los esclavos llegaron por primera vez a Jamestown en 1619 en un barco llamado *White Lion*. Era un buque de guerra que había capturado a unos 20 africanos de un barco de esclavos portugués. Al principio, los africanos se convirtieron en **sirvientes bajo contrato**, pero la esclavitud africana había comenzado en las colonias inglesas.

AL DESCUBIERTO

Muchas personas de las regiones tropicales de África eran inmunes a la **malaria**, lo cual era importante en las pantanosas y cálidas regiones del sur del país, donde la malaria era mortal.

Según las plantaciones de tabaco crecían, la situación económica de los colonos mejoró. Sin embargo, los nativos americanos perdieron su tierra y los africanos perdieron su libertad.

UNA COLONIA QUE CRECE

Jamestown crecía rápidamente, sin ninguna duda. En 1619, un barco que transportaba cerca de 100 mujeres llegó a Jamestown, con lo que los colonos podían formar más familias.

Una colonia creciente requería un buen liderazgo. En 1619, se formó la primera asamblea legislativa representativa en las colonias británicas de Norteamérica. Fue denominada la *Cámara de los Burgueses* a partir del nombre de sus representantes: los burgueses.

Después de unos años de paz, los colonos tuvieron que lidiar con la creciente tensión con los pueblos nativos. En 1622, un nuevo jefe llamado Opechancanough envió a sus hombres para atacar Jamestown y asentamientos cercanos. Casi un tercio de los colonos murió en el ataque. Otro ataque mortal tuvo lugar en 1644, aunque esta vez el jefe fue capturado y lo mataron.

La Compañía de Virginia finalmente perdió el control de la colonia en 1624. Virginia, junto con Jamestown, se convirtió oficialmente en una colonia real.

AL DESCUBIERTO

Después de la rebelión de Bacon, Jamestown fue reconstruido. Otro fuego destruyó la mayor parte de la colonia en 1698, y finalmente fue abandonada.

LA REBELIÓN DE BACON

El burgués Nathaniel Bacon Jr. y otros colonos estaban enojados por el descenso del precio del tabaco y por las leyes que controlaban su venta. Centraron la mayor parte de su cólera en los nativos, que a veces atacaban las plantaciones. En 1676, Bacon reunió a un grupo de hombres para atacar a los nativos. El gobernador de Virginia, Sir William Berkeley, castigó a Bacon por sus acciones. Entonces, Bacon formó un pequeño ejército que entró a Jamestown y lo dejó reducido a cenizas. La rebelión terminó tras la repentina muerte de Bacon en octubre de 1676.

La Cámara de los Burgueses estaba compuesta por representantes elegidos por los dueños de las propiedades.

LA LLEGADA AL NUEVO MUNDO

La llegada de los ingleses a Jamestown marcó un cambio en la historia de Norteamérica. La tierra —y los nativos que allí vivían— nunca sería igual.

Los colonos de Jamestown llevaron nuevos animales y plantas al Nuevo Mundo. Esto afectó a los ecosistemas naturales que allí había. Los colonos llevaron ganado, como cerdos, vacas y caballos. Los nativos no mantenían animales domésticos. Dado que los nativos no cercaban su tierra, el ganado de los ingleses se comió la mayor parte de sus plantas, pisoteó sus cultivos y destrozó el suelo.

Los ingleses también trajeron las abejas, que extendieron por todos los rincones de las Américas. Las abejas **polinizaron** varias clases de plantas, extendiendo las plantas nativas de una región a nuevas regiones.

AL DESCUBIERTO

Los colonos ingleses también alteraron la tierra en el Nuevo Mundo. Cortaron árboles y plantas nativas para crear grandes granjas llamadas plantaciones.

LA MALARIA

Los ingleses trajeron con ellos la peor arma de todas: la enfermedad. Entre las enfermedades estaba la malaria, que se contagiaba a través de la picadura de los mosquitos. La malaria causa cansancio, dificultad respiratoria y produce una fiebre muy alta. Algunas personas sobreviven la enfermedad pero recaen en ella. La gente que no está inmunizada a veces se muere a consecuencia de la enfermedad. La malaria tiene el poder de debilitar a las personas, lo que pudo haber contribuido a que los nativos no pudieran combatir efectivamente a los colonos.

Una especie, o tipo, de planta o animal que no es nativo de un lugar y causa daño recibe el nombre de especie invasiva. Las especies invasivas cambian el entorno natural.

POCAHONTAS: HECHO O LEYENDA

Pocahontas es también una parte importante de la historia de Jamestown. Sin embargo, como John Smith, la verdadera Pocahontas está muy lejos del personaje de la película Disney del mismo nombre.

Para empezar, el nombre "Pocahontas" no era ni siquiera su nombre. Era un apodo inspirado en su carácter juguetón. El verdadero nombre de Pocahontas era Amonute, y a veces también la llamaban Matoaka. Era la hija del jefe Powhatan. En la película se enamora de John Smith. Sin embargo, Pocahontas tenía aproximadamente 11 años cuando el inglés llegó.

Cuando Pocahontas tenía cerca de 14 años, se casó con un hombre llamado Kocoum. Tres años más tarde, fue capturada por los ingleses y llevada a Jamestown para pedir un **rescate**. Se hizo cristiana, cambió su nombre por el de Rebecca y se casó con John Rolfe.

AL DESCUBIERTO

Pocahontas fue con Rolfe y con su hijo a Inglaterra en 1616. Cuando se disponían a regresar a Virginia, ella enfermó y murió.

POCAHONTAS, LA PACIFICADORA

Como hija del jefe, Pocahontas era a menudo llamada a mantener la paz. Después de que John Smith fue capturado por los powhatan y liberado, Pocahontas fue enviada a Jamestown con él. Ella trajo el alimento para los colonos hambrientos. La joven muchacha jugaba en el fuerte con otros niños. Más tarde, debido al matrimonio de Pocahontas con Rolfe, los ingleses y la gente de Powhatan comenzaron otro período de paz. Después de su muerte, la relación entre los ingleses y la gente de Powhatan se volvió nuevamente hostil.

John Smith declaró que Pocahontas había salvado su vida cuando cayó prisionero de los powhatan. No era la primera vez que Smith declaraba que una joven había salvado su vida.

JAMESTOWN, LUGAR HISTÓRICO

Lo que pasó en Jamestown determinó la historia de Estados Unidos para siempre. Durante el tiempo de hambruna, parecía que el asentamiento iba a fracasar, como había ocurrido con Roanoke.

Los primeros días en Jamestown estuvieron llenos de desafíos. Los arqueólogos han descubierto muchos de los detalles oscuros del pasado de Jamestown, desde las especies invasivas hasta el canibalismo. Después de más de 20 años de excavaciones, el equipo arqueológico de Jamestown ha reconstruido el posible aspecto del fuerte, han descubierto qué clases de herramientas utilizaba la gente e incluso lo que comían.

Existen muchos misterios alrededor de los primeros días de Jamestown. De hecho, los arqueólogos continúan trabajando con empeño en el lugar, desenterrando nuevos descubrimientos cada día. Tal vez un día podamos conocer la historia oculta completa de los inicios de Jamestown.

AL DESCUBIERTO

En 2010, los arqueólogos de Jamestown descubrieron el lugar donde se ubicaba la primera iglesia protestante conocida en el Nuevo Mundo. Encontraron cuatro tumbas y llamaron a estos hallazgos los entierros del **presbiterio**.

REDESCUBRIR JAMESTOWN

El redescubrimiento de Jamestown es un proyecto que comenzó en 1994. Fue lanzado por William Kelso, el primer arqueólogo que visitó la zona en 1963. En aquel tiempo, se asumió que el fuerte se había perdido. Encontrar el fuerte excavando la tierra se convirtió en el sueño de Kelso. Hoy puedes visitar la parte histórica de Jamestowne (como lo escribían algunos colonos) y ver el lugar de la excavación. Cerca de allí, en el **Rediscovery** Research Center, puedes ver más de 2 millones de artefactos.

MAPA DE JAMESTOWN

La ilustración nos ayuda a imaginar la vida cotidiana de la gente que vivió en Jamestown. Esta distribución puede cambiar, si se realizan nuevos descubrimientos en el sitio.

GLOSARIO

aliado: una, dos o más personas o grupos que trabajan juntos.

contaminar: alterar nocivamente algo.

huracán: una tormenta poderosa y destructiva con vientos muy fuertes que tiene lugar, sobre todo, en la parte occidental del océano Atlántico.

incorporarse: unirse, juntarse.

malaria: enfermedad seria que causa escalofríos y fiebre, que se contagia por medio de la picadura de mosquitos.

nutriente: sustancia que necesita un ser vivo para crecer y sobrevivir.

polinizar: dar a una planta polen de otra planta de la misma clase, de modo que produzca semillas.

presbiterio: parte de una iglesia donde se encuentra el altar y los asientos para el sacerdote y el coro.

rescate: algo que se paga para liberar a alguien que ha sido capturado.

sirviente bajo contrato: persona que firma un contrato acordando trabajar durante un período determinado de tiempo a cambio de un pasaje para ir otro lugar.

tensión: estado en el cual personas o grupos de personas no están de acuerdo los unos con los otros.

PARA MÁS INFORMACIÓN

LIBROS

Heckt, Jackie. *The Colony of Virginia*. New York, NY: PowerKids Press, 2015.

Morley, Jacqueline. *You Wouldn't Want to Be an American Colonist! A Settlement You'd Rather Not Start*. New York, NY: Franklin Watts, 2013.

Raum, Elizabeth. *The Dreadful, Smelly Colonies: The Disgusting Details About Life in Colonial America*. Mankato, MN: Capstone Press, 2010.

SITIOS DE INTERNET

A Short History of Jamestown
www.nps.gov/jame/learn/historyculture/a-short-history-of-jamestown.htm
Conoce más hechos sobre la colonia británica.

Jamestown Rediscovery
historicjamestowne.org/education/for-kids-and-families/
Lee más sobre el esfuerzo de descubrir la historia oculta de Jamestown.

Nota del editor a los educadores y padres: nuestro personal especializado ha revisado cuidadosamente estos sitios web para asegurarse de que son apropiados para los estudiantes. Muchos sitios web cambian con frecuencia, por lo que no podemos garantizar que posteriores contenidos que se suban a esas páginas cumplan con nuestros estándares de calidad y valor educativo. Tengan presente que se debe supervisar cuidadosamente a los estudiantes siempre que tengan acceso al Internet.

ÍNDICE